HIKING

LogBook

____

____

❧ Logbook ❧

TRAIL NAME : _______________________________

LOCATION : _________________________________

____

DATE : _____________________________________

COMPANIONS : _______________________________

WEATHER CONDITIONS : ☐ HOT   ☐ MILD   ☐ COLD

TEMPERATURE : ______________________________

START TIME : _________________ END TIME : __________________

DURATION : _________________________________

DISTANCE : _________________________________

ALTITUDE : _________________________________

TRAIL TYPE : ☐ LOOP   ☐ ONE WAY   ☐ OUT & BACK   ☐ SHUTTLE

GEAR & EQUIPMENT : _________________________

____

____

ANIMALS & PLANTS : _________________________

____

____

MILESTONE : ________________________________

____

TIME : _____________________________________

NOTE : _____________________________________

____

____

____

____

____

❧ Logbook ☙

TRAIL NAME : _______________________________

LOCATION : _______________________________

____

DATE : _______________________________

COMPANIONS : _______________________________

WEATHER CONDITIONS : ☐ HOT   ☐ MILD   ☐ COLD

TEMPERATURE : _______________________________

START TIME : _________________ END TIME : _________________

DURATION : _______________________________

DISTANCE : _______________________________

ALTITUDE : _______________________________

TRAIL TYPE : ☐ LOOP   ☐ ONE WAY   ☐ OUT & BACK   ☐ SHUTTLE

GEAR & EQUIPMENT : _______________________________

____

____

ANIMALS & PLANTS : _______________________________

____

____

MILESTONE : _______________________________

____

TIME : _______________________________

NOTE : _______________________________

____

____

____

____

____

❧ Logbook ❧

TRAIL NAME : _______________________________

LOCATION : _________________________________

____

DATE : _____________________________________

COMPANIONS : ______________________________

WEATHER CONDITIONS : ☐ HOT   ☐ MILD   ☐ COLD

TEMPERATURE : ______________________________

START TIME : _________________ END TIME : __________________

DURATION : _________________________________

DISTANCE : _________________________________

ALTITUDE : _________________________________

TRAIL TYPE : ☐ LOOP   ☐ ONE WAY   ☐ OUT & BACK   ☐ SHUTTLE

GEAR & EQUIPMENT : _________________________

____

____

ANIMALS & PLANTS : _________________________

____

____

MILESTONE : ________________________________

____

TIME : _____________________________________

NOTE : _____________________________________

____

____

____

____

____

❧ Logbook ❧

TRAIL NAME : _______________________

LOCATION : _______________________

____

DATE : _______________________

COMPANIONS : _______________________

WEATHER CONDITIONS : ☐ HOT   ☐ MILD   ☐ COLD

TEMPERATURE : _______________________

START TIME : _______________ END TIME : _______________

DURATION : _______________________

DISTANCE : _______________________

ALTITUDE : _______________________

TRAIL TYPE : ☐ LOOP   ☐ ONE WAY   ☐ OUT & BACK   ☐ SHUTTLE

GEAR & EQUIPMENT : _______________________

____

____

ANIMALS & PLANTS : _______________________

____

____

MILESTONE : _______________________

____

TIME : _______________________

NOTE : _______________________

____

____

____

____

____

❧ Logbook ❧

TRAIL NAME : _______________________________

LOCATION : _________________________________

____

DATE : _____________________________________

COMPANIONS : _______________________________

WEATHER CONDITIONS : ☐ HOT   ☐ MILD   ☐ COLD

TEMPERATURE : ______________________________

START TIME : _________________ END TIME : _______________

DURATION : _________________________________

DISTANCE : _________________________________

ALTITUDE : _________________________________

TRAIL TYPE : ☐ LOOP   ☐ ONE WAY   ☐ OUT & BACK   ☐ SHUTTLE

GEAR & EQUIPMENT : _________________________

____

____

ANIMALS & PLANTS : _________________________

____

____

MILESTONE : _______________________________

____

TIME : _____________________________________

NOTE : _____________________________________

____

____

____

____

____

Logbook

TRAIL NAME : _______________________________

LOCATION : _______________________________

____

DATE : _______________________________

COMPANIONS : _______________________________

WEATHER CONDITIONS : ☐ HOT   ☐ MILD   ☐ COLD

TEMPERATURE : _______________________________

START TIME : _________________ END TIME : _________________

DURATION : _______________________________

DISTANCE : _______________________________

ALTITUDE : _______________________________

TRAIL TYPE : ☐ LOOP   ☐ ONE WAY   ☐ OUT & BACK   ☐ SHUTTLE

GEAR & EQUIPMENT : _______________________________

____

____

ANIMALS & PLANTS : _______________________________

____

____

MILESTONE : _______________________________

____

TIME : _______________________________

NOTE : _______________________________

____

____

____

____

____

____

❧ Logbook ❧

TRAIL NAME : ____

LOCATION : ____

____

DATE : ____

COMPANIONS : ____

WEATHER CONDITIONS : ☐ HOT   ☐ MILD   ☐ COLD

TEMPERATURE : ____

START TIME : _________________________ END TIME : _______________________

DURATION : ____

DISTANCE : ____

ALTITUDE : ____

TRAIL TYPE : ☐ LOOP   ☐ ONE WAY   ☐ OUT & BACK   ☐ SHUTTLE

GEAR & EQUIPMENT : _____________________________________

____

____

ANIMALS & PLANTS : _____________________________________

____

____

MILESTONE : ____

____

TIME : ____

NOTE : ____

____

____

____

____

____

❧ Logbook ❧

TRAIL NAME : _______________________________________

LOCATION : ____

____

DATE : ____

COMPANIONS : _______________________________________

WEATHER CONDITIONS : ☐ HOT   ☐ MILD   ☐ COLD

TEMPERATURE : ______________________________________

START TIME : __________________ END TIME : __________

DURATION : ____

DISTANCE : ____

ALTITUDE : ____

TRAIL TYPE : ☐ LOOP   ☐ ONE WAY   ☐ OUT & BACK   ☐ SHUTTLE

GEAR & EQUIPMENT : _________________________________

____

____

ANIMALS & PLANTS : _________________________________

____

____

MILESTONE : ____

____

TIME : ____

NOTE : ____

____

____

____

____

____

❧ Logbook ❧

TRAIL NAME : ____

LOCATION : ____

____

DATE : ____

COMPANIONS : ____

WEATHER CONDITIONS :   ☐ HOT   ☐ MILD   ☐ COLD

TEMPERATURE : ____

START TIME : ________________________ END TIME : ________________________

DURATION : ____

DISTANCE : ____

ALTITUDE : ____

TRAIL TYPE : ☐ LOOP   ☐ ONE WAY   ☐ OUT & BACK   ☐ SHUTTLE

GEAR & EQUIPMENT : ____

____

____

ANIMALS & PLANTS : ____

____

____

MILESTONE : ____

____

TIME : ____

NOTE : ____

____

____

____

____

____

❧ Logbook ❧

TRAIL NAME : ____

LOCATION : ____

____

DATE : ____

COMPANIONS : ____

WEATHER CONDITIONS : ☐ HOT   ☐ MILD   ☐ COLD

TEMPERATURE : ____

START TIME : _________________________ END TIME : __________________

DURATION : ____

DISTANCE : ____

ALTITUDE : ____

TRAIL TYPE : ☐ LOOP   ☐ ONE WAY   ☐ OUT & BACK   ☐ SHUTTLE

GEAR & EQUIPMENT : ____

____

____

ANIMALS & PLANTS : ____

____

____

MILESTONE : ____

____

TIME : ____

NOTE : ____

____

____

____

____

❧ Logbook ☙

TRAIL NAME : ___________________________

LOCATION : ___________________________

____

DATE : ___________________________

COMPANIONS : ___________________________

WEATHER CONDITIONS : ☐ HOT   ☐ MILD   ☐ COLD

TEMPERATURE : ___________________________

START TIME : _________________ END TIME : _________________

DURATION : ___________________________

DISTANCE : ___________________________

ALTITUDE : ___________________________

TRAIL TYPE : ☐ LOOP   ☐ ONE WAY   ☐ OUT & BACK   ☐ SHUTTLE

GEAR & EQUIPMENT : ___________________________

____

____

ANIMALS & PLANTS : ___________________________

____

____

MILESTONE : ___________________________

____

TIME : ___________________________

NOTE : ___________________________

____

____

____

____

____

❧ Logbook ❧

TRAIL NAME : ____

LOCATION : ____

____

DATE : ____

COMPANIONS : ____

WEATHER CONDITIONS :　☐ HOT　　☐ MILD　　☐ COLD

TEMPERATURE : ____

START TIME : _________________ END TIME : _________________

DURATION : ____

DISTANCE : ____

ALTITUDE : ____

TRAIL TYPE : ☐ LOOP　☐ ONE WAY　☐ OUT & BACK　☐ SHUTTLE

GEAR & EQUIPMENT : ____

____

ANIMALS & PLANTS : ____

____

MILESTONE : ____

____

TIME : ____

NOTE : ____

____

____

____

____

❧ Logbook ❧

TRAIL NAME : _______________________________

LOCATION : _________________________________

____

DATE : _____________________________________

COMPANIONS : _______________________________

WEATHER CONDITIONS : ☐ HOT   ☐ MILD   ☐ COLD

TEMPERATURE : ______________________________

START TIME : _________________ END TIME : ___________________

DURATION : _________________________________

DISTANCE : _________________________________

ALTITUDE : _________________________________

TRAIL TYPE : ☐ LOOP   ☐ ONE WAY   ☐ OUT & BACK   ☐ SHUTTLE

GEAR & EQUIPMENT : __________________________

____

____

ANIMALS & PLANTS : _________________________

____

____

MILESTONE : ________________________________

____

TIME : _____________________________________

NOTE : _____________________________________

____

____

____

____

____

❧ Logbook ❧

TRAIL NAME : ____

LOCATION : ____

____

DATE : ____

COMPANIONS : ____

WEATHER CONDITIONS :　☐ HOT　　☐ MILD　　☐ COLD

TEMPERATURE : ____

START TIME : ___________________ END TIME : __________________

DURATION : ____

DISTANCE : ____

ALTITUDE : ____

TRAIL TYPE : ☐ LOOP　☐ ONE WAY　☐ OUT & BACK　☐ SHUTTLE

GEAR & EQUIPMENT : ___________________________________

____

____

ANIMALS & PLANTS : ___________________________________

____

____

MILESTONE : ____

____

TIME : ____

NOTE : ____

____

____

____

____

____

❧ Logbook ❧

TRAIL NAME : ____

LOCATION : ____

____

DATE : ____

COMPANIONS : ____

WEATHER CONDITIONS : ☐ HOT   ☐ MILD   ☐ COLD

TEMPERATURE : ____

START TIME : ________________________ END TIME : ________________________

DURATION : ____

DISTANCE : ____

ALTITUDE : ____

TRAIL TYPE : ☐ LOOP   ☐ ONE WAY   ☐ OUT & BACK   ☐ SHUTTLE

GEAR & EQUIPMENT : ____

____

____

ANIMALS & PLANTS : ____

____

____

MILESTONE : ____

____

TIME : ____

NOTE : ____

____

____

____

____

____

____

✿❀ Logbook ❀✿

TRAIL NAME : _______________________________________

LOCATION : ____

____

DATE : ____

COMPANIONS : _______________________________________

WEATHER CONDITIONS : ☐ HOT   ☐ MILD   ☐ COLD

TEMPERATURE : ______________________________________

START TIME : _______________________ END TIME : _______________________

DURATION : ____

DISTANCE : ____

ALTITUDE : ____

TRAIL TYPE : ☐ LOOP   ☐ ONE WAY   ☐ OUT & BACK   ☐ SHUTTLE

GEAR & EQUIPMENT : _________________________________

____

____

ANIMALS & PLANTS : _________________________________

____

____

MILESTONE : ____

____

TIME : ____

NOTE : ____

____

____

____

____

____

❧ Logbook ❧

TRAIL NAME : _______________________________

LOCATION : _________________________________

____

DATE : ___________________________________

COMPANIONS : ______________________________

WEATHER CONDITIONS : ☐ HOT   ☐ MILD   ☐ COLD

TEMPERATURE : _____________________________

START TIME : _______________ END TIME : _____________

DURATION : ________________________________

DISTANCE : ________________________________

ALTITUDE : ________________________________

TRAIL TYPE : ☐ LOOP   ☐ ONE WAY   ☐ OUT & BACK   ☐ SHUTTLE

GEAR & EQUIPMENT : ________________________

____

____

ANIMALS & PLANTS : ________________________

____

____

MILESTONE : _______________________________

____

TIME : ___________________________________

NOTE : ___________________________________

____

____

____

____

____

❧ Logbook ❧

TRAIL NAME : ____

LOCATION : ____

____

DATE : ____

COMPANIONS : ____

WEATHER CONDITIONS : ☐ HOT   ☐ MILD   ☐ COLD

TEMPERATURE : ____

START TIME : _______________________ END TIME : ___________________

DURATION : ____

DISTANCE : ____

ALTITUDE : ____

TRAIL TYPE : ☐ LOOP   ☐ ONE WAY   ☐ OUT & BACK   ☐ SHUTTLE

GEAR & EQUIPMENT : ____

____

____

ANIMALS & PLANTS : ____

____

____

MILESTONE : ____

____

TIME : ____

NOTE : ____

____

____

____

____

____

____

❧ Logbook ☙

TRAIL NAME : ____________________________

LOCATION : ____________________________
____

DATE : ____________________________

COMPANIONS : ____________________________

WEATHER CONDITIONS : ☐ HOT   ☐ MILD   ☐ COLD

TEMPERATURE : ____________________________

START TIME : ________________ END TIME : ________________

DURATION : ____________________________

DISTANCE : ____________________________

ALTITUDE : ____________________________

TRAIL TYPE : ☐ LOOP   ☐ ONE WAY   ☐ OUT & BACK   ☐ SHUTTLE

GEAR & EQUIPMENT : ____________________________
____
____

ANIMALS & PLANTS : ____________________________
____
____

MILESTONE : ____________________________
____

TIME : ____________________________

NOTE : ____________________________
____
____
____
____
____

❧ Logbook ☙

TRAIL NAME : ______________________________

LOCATION : ______________________________

____

DATE : ______________________________

COMPANIONS : ______________________________

WEATHER CONDITIONS :   ☐ HOT   ☐ MILD   ☐ COLD

TEMPERATURE : ______________________________

START TIME : ______________ END TIME : ______________

DURATION : ______________________________

DISTANCE : ______________________________

ALTITUDE : ______________________________

TRAIL TYPE : ☐ LOOP   ☐ ONE WAY   ☐ OUT & BACK   ☐ SHUTTLE

GEAR & EQUIPMENT : ______________________________

____

ANIMALS & PLANTS : ______________________________

____

____

MILESTONE : ______________________________

____

TIME : ______________________________

NOTE : ______________________________

____

____

____

____

____

❧ Logbook ❧

TRAIL NAME : _______________________________

LOCATION : _______________________________
____

DATE : _______________________________

COMPANIONS : _______________________________

WEATHER CONDITIONS : ☐ HOT ☐ MILD ☐ COLD

TEMPERATURE : _______________________________

START TIME : _____________ END TIME : _____________

DURATION : _______________________________

DISTANCE : _______________________________

ALTITUDE : _______________________________

TRAIL TYPE : ☐ LOOP ☐ ONE WAY ☐ OUT & BACK ☐ SHUTTLE

GEAR & EQUIPMENT : _______________________________
____
____

ANIMALS & PLANTS : _______________________________
____
____

MILESTONE : _______________________________
____

TIME : _______________________________

NOTE : _______________________________
____
____
____
____
____

❧ Logbook ❧

TRAIL NAME : ____

LOCATION : ____

____

DATE : ____

COMPANIONS : ____

WEATHER CONDITIONS : ☐ HOT   ☐ MILD   ☐ COLD

TEMPERATURE : ____

START TIME : _____________________ END TIME : _______________

DURATION : ____

DISTANCE : ____

ALTITUDE : ____

TRAIL TYPE : ☐ LOOP   ☐ ONE WAY   ☐ OUT & BACK   ☐ SHUTTLE

GEAR & EQUIPMENT : ____

____

____

ANIMALS & PLANTS : ____

____

____

MILESTONE : ____

____

TIME : ____

NOTE : ____

____

____

____

____

____

❧ Logbook ❧

TRAIL NAME : _______________________________

LOCATION : _______________________________

____

DATE : _______________________________

COMPANIONS : _______________________________

WEATHER CONDITIONS :   ☐ HOT   ☐ MILD   ☐ COLD

TEMPERATURE : _______________________________

START TIME : _________________ END TIME : _________________

DURATION : _______________________________

DISTANCE : _______________________________

ALTITUDE : _______________________________

TRAIL TYPE : ☐ LOOP   ☐ ONE WAY   ☐ OUT & BACK   ☐ SHUTTLE

GEAR & EQUIPMENT : _______________________________

____

____

ANIMALS & PLANTS : _______________________________

____

____

MILESTONE : _______________________________

____

TIME : _______________________________

NOTE : _______________________________

____

____

____

____

____

❧ Logbook ☙

TRAIL NAME : ______________________________

LOCATION : ______________________________
____

DATE : ______________________________

COMPANIONS : ______________________________

WEATHER CONDITIONS : ☐ HOT   ☐ MILD   ☐ COLD

TEMPERATURE : ______________________________

START TIME : __________________ END TIME : __________________

DURATION : ______________________________

DISTANCE : ______________________________

ALTITUDE : ______________________________

TRAIL TYPE : ☐ LOOP   ☐ ONE WAY   ☐ OUT & BACK   ☐ SHUTTLE

GEAR & EQUIPMENT : ______________________________
____
____

ANIMALS & PLANTS : ______________________________
____
____

MILESTONE : ______________________________
____

TIME : ______________________________

NOTE : ______________________________
____
____
____
____
____

❧ Logbook ❧

TRAIL NAME : _______________________________________

LOCATION : ____

____

DATE : ____

COMPANIONS : ______________________________________

WEATHER CONDITIONS : ☐ HOT   ☐ MILD   ☐ COLD

TEMPERATURE : _____________________________________

START TIME : _______________ END TIME : ___________

DURATION : ____

DISTANCE : ____

ALTITUDE : ____

TRAIL TYPE : ☐ LOOP ☐ ONE WAY ☐ OUT & BACK ☐ SHUTTLE

GEAR & EQUIPMENT : ________________________________

____

____

ANIMALS & PLANTS : ________________________________

____

____

MILESTONE : _______________________________________

____

TIME : ____

NOTE : ____

____

____

____

____

____

❧ Logbook ❧

TRAIL NAME : _______________________________

LOCATION : _______________________________
____

DATE : _______________________________

COMPANIONS : _______________________________

WEATHER CONDITIONS : ☐ HOT   ☐ MILD   ☐ COLD

TEMPERATURE : _______________________________

START TIME : _________________ END TIME : _________________

DURATION : _______________________________

DISTANCE : _______________________________

ALTITUDE : _______________________________

TRAIL TYPE : ☐ LOOP   ☐ ONE WAY   ☐ OUT & BACK   ☐ SHUTTLE

GEAR & EQUIPMENT : _______________________________
____
____

ANIMALS & PLANTS : _______________________________
____
____

MILESTONE : _______________________________
____

TIME : _______________________________

NOTE : _______________________________
____
____
____
____
____

❦ Logbook ❧

TRAIL NAME : _______________________________________

LOCATION : ____

____

DATE : ____

COMPANIONS : _______________________________________

WEATHER CONDITIONS : ☐ HOT   ☐ MILD   ☐ COLD

TEMPERATURE : ______________________________________

START TIME : _____________________ END TIME : _______________

DURATION : ____

DISTANCE : ____

ALTITUDE : ____

TRAIL TYPE : ☐ LOOP   ☐ ONE WAY   ☐ OUT & BACK   ☐ SHUTTLE

GEAR & EQUIPMENT : _________________________________

____

____

ANIMALS & PLANTS : _________________________________

____

____

MILESTONE : ____

____

TIME : ____

NOTE : ____

____

____

____

____

____

❧ Logbook ❧

TRAIL NAME : ____

LOCATION : ____

____

DATE : ____

COMPANIONS : ____

WEATHER CONDITIONS : ☐ HOT   ☐ MILD   ☐ COLD

TEMPERATURE : ____

START TIME : ______________________ END TIME : _______________

DURATION : ____

DISTANCE : ____

ALTITUDE : ____

TRAIL TYPE : ☐ LOOP   ☐ ONE WAY   ☐ OUT & BACK   ☐ SHUTTLE

GEAR & EQUIPMENT : _____________________________________

____

____

ANIMALS & PLANTS : _____________________________________

____

____

MILESTONE : ____

____

TIME : ____

NOTE : ____

____

____

____

____

____

____

❦ Logbook ❧

TRAIL NAME : _______________________________________

LOCATION : ____

____

DATE : ____

COMPANIONS : _______________________________________

WEATHER CONDITIONS : ☐ HOT   ☐ MILD   ☐ COLD

TEMPERATURE : ______________________________________

START TIME : ___________________ END TIME : _________________

DURATION : ____

DISTANCE : ____

ALTITUDE : ____

TRAIL TYPE : ☐ LOOP   ☐ ONE WAY   ☐ OUT & BACK   ☐ SHUTTLE

GEAR & EQUIPMENT : _________________________________

____

____

ANIMALS & PLANTS : _________________________________

____

____

MILESTONE : ____

____

TIME : ____

NOTE : ____

____

____

____

____

____

❧ Logbook ❧

TRAIL NAME : _______________________________________

LOCATION : ____

____

DATE : ____

COMPANIONS : _______________________________________

WEATHER CONDITIONS : ☐ HOT   ☐ MILD   ☐ COLD

TEMPERATURE : ______________________________________

START TIME : _____________________ END TIME : ______________________

DURATION : ____

DISTANCE : ____

ALTITUDE : ____

TRAIL TYPE : ☐ LOOP   ☐ ONE WAY   ☐ OUT & BACK   ☐ SHUTTLE

GEAR & EQUIPMENT : _________________________________

____

____

ANIMALS & PLANTS : _________________________________

____

____

MILESTONE : ____

____

TIME : ____

NOTE : ____

____

____

____

____

____

❧ Logbook ❧

TRAIL NAME : ____

LOCATION : ____

____

DATE : ____

COMPANIONS : ____

WEATHER CONDITIONS : ☐ HOT   ☐ MILD   ☐ COLD

TEMPERATURE : ____

START TIME : ___________________ END TIME : ________________

DURATION : ____

DISTANCE : ____

ALTITUDE : ____

TRAIL TYPE : ☐ LOOP   ☐ ONE WAY   ☐ OUT & BACK   ☐ SHUTTLE

GEAR & EQUIPMENT : ____

____

____

ANIMALS & PLANTS : ____

____

____

MILESTONE : ____

____

TIME : ____

NOTE : ____

____

____

____

____

____

❧ Logbook ❧

TRAIL NAME : ____

LOCATION : ____

____

DATE : ____

COMPANIONS : ____

WEATHER CONDITIONS :   ☐ HOT   ☐ MILD   ☐ COLD

TEMPERATURE : ____

START TIME : ____________________ END TIME : ________________

DURATION : ____

DISTANCE : ____

ALTITUDE : ____

TRAIL TYPE : ☐ LOOP   ☐ ONE WAY   ☐ OUT & BACK   ☐ SHUTTLE

GEAR & EQUIPMENT : ____

____

____

ANIMALS & PLANTS : ____

____

____

MILESTONE : ____

____

TIME : ____

NOTE : ____

____

____

____

____

____

❦ Logbook ❧

TRAIL NAME : ____

LOCATION : ____

____

DATE : ____

COMPANIONS : ____

WEATHER CONDITIONS : ☐ HOT   ☐ MILD   ☐ COLD

TEMPERATURE : ____

START TIME : __________________ END TIME : __________________

DURATION : ____

DISTANCE : ____

ALTITUDE : ____

TRAIL TYPE : ☐ LOOP   ☐ ONE WAY   ☐ OUT & BACK   ☐ SHUTTLE

GEAR & EQUIPMENT : ____

____

____

ANIMALS & PLANTS : ____

____

____

MILESTONE : ____

____

TIME : ____

NOTE : ____

____

____

____

____

____

❧ Logbook ❧

TRAIL NAME : ____

LOCATION : ____

____

DATE : ____

COMPANIONS : ____

WEATHER CONDITIONS :　☐　HOT　　☐　MILD　　☐　COLD

TEMPERATURE : ____

START TIME : _______________________ END TIME : _______________________

DURATION : ____

DISTANCE : ____

ALTITUDE : ____

TRAIL TYPE : ☐ LOOP　　☐ ONE WAY　　☐ OUT & BACK　　☐ SHUTTLE

GEAR & EQUIPMENT : ___________________________________

____

____

ANIMALS & PLANTS : ___________________________________

____

____

MILESTONE : ____

____

TIME : ____

NOTE : ____

____

____

____

____

____

Logbook

TRAIL NAME : _______________________

LOCATION : _______________________
____

DATE : _______________________

COMPANIONS : _______________________

WEATHER CONDITIONS : ☐ HOT   ☐ MILD   ☐ COLD

TEMPERATURE : _______________________

START TIME : _______________ END TIME : _______________

DURATION : _______________________

DISTANCE : _______________________

ALTITUDE : _______________________

TRAIL TYPE : ☐ LOOP   ☐ ONE WAY   ☐ OUT & BACK   ☐ SHUTTLE

GEAR & EQUIPMENT : _______________________
____
____

ANIMALS & PLANTS : _______________________
____
____

MILESTONE : _______________________
____

TIME : _______________________

NOTE : _______________________
____
____
____
____
____

❧ Logbook ❧

TRAIL NAME : ___________________________________

LOCATION : ___________________________________
____

DATE : ___________________________________

COMPANIONS : ___________________________________

WEATHER CONDITIONS : ☐ HOT   ☐ MILD   ☐ COLD

TEMPERATURE : ___________________________________

START TIME : ___________________ END TIME : ___________________

DURATION : ___________________________________

DISTANCE : ___________________________________

ALTITUDE : ___________________________________

TRAIL TYPE : ☐ LOOP   ☐ ONE WAY   ☐ OUT & BACK   ☐ SHUTTLE

GEAR & EQUIPMENT : ___________________________________
____

ANIMALS & PLANTS ; ___________________________________
____
____

MILESTONE : ___________________________________
____

TIME : ___________________________________

NOTE : ___________________________________
____
____
____
____
____

ᘒᘓ Logbook ᘔᘕ

TRAIL NAME : ____

LOCATION : ____

____

DATE : ____

COMPANIONS : _______________________________________

WEATHER CONDITIONS : ☐ HOT   ☐ MILD   ☐ COLD

TEMPERATURE : ______________________________________

START TIME : __________________ END TIME : __________

DURATION : ____

DISTANCE : ____

ALTITUDE : ____

TRAIL TYPE : ☐ LOOP   ☐ ONE WAY   ☐ OUT & BACK   ☐ SHUTTLE

GEAR & EQUIPMENT : _________________________________

____

____

ANIMALS & PLANTS : _________________________________

____

____

MILESTONE : ____

____

TIME : ____

NOTE : ____

____

____

____

____

____

❧ Logbook ❧

TRAIL NAME : _______________________________________

LOCATION : ____

____

DATE : ____

COMPANIONS : ______________________________________

WEATHER CONDITIONS :   ☐ HOT   ☐ MILD   ☐ COLD

TEMPERATURE : _____________________________________

START TIME : _________________ END TIME : __________

DURATION : ____

DISTANCE : ____

ALTITUDE : ____

TRAIL TYPE : ☐ LOOP   ☐ ONE WAY   ☐ OUT & BACK   ☐ SHUTTLE

GEAR & EQUIPMENT : ________________________________

____

____

ANIMALS & PLANTS : ________________________________

____

____

MILESTONE : _______________________________________

____

TIME : ____

NOTE : ____

____

____

____

____

____

❧ Logbook ❧

TRAIL NAME : ______________________________

LOCATION : ______________________________
____

DATE : ______________________________

COMPANIONS : ______________________________

WEATHER CONDITIONS : ☐ HOT   ☐ MILD   ☐ COLD

TEMPERATURE : ______________________________

START TIME : ___________________ END TIME : ___________________

DURATION : ______________________________

DISTANCE : ______________________________

ALTITUDE : ______________________________

TRAIL TYPE : ☐ LOOP   ☐ ONE WAY   ☐ OUT & BACK   ☐ SHUTTLE

GEAR & EQUIPMENT : ______________________________
____
____

ANIMALS & PLANTS : ______________________________
____
____

MILESTONE : ______________________________
____

TIME : ______________________________

NOTE : ______________________________
____
____
____
____
____

❧ Logbook ☙

TRAIL NAME : ____

LOCATION : ____

____

DATE : ____

COMPANIONS : ____

WEATHER CONDITIONS :   ☐ HOT   ☐ MILD   ☐ COLD

TEMPERATURE : ____

START TIME : _____________________ END TIME : ____________________

DURATION : ____

DISTANCE : ____

ALTITUDE : ____

TRAIL TYPE : ☐ LOOP   ☐ ONE WAY   ☐ OUT & BACK   ☐ SHUTTLE

GEAR & EQUIPMENT : _______________________________________

____

____

ANIMALS & PLANTS : ____

____

____

MILESTONE : ____

____

TIME : ____

NOTE : ____

____

____

____

____

____

❧ Logbook ☙

TRAIL NAME : ______________________________

LOCATION : ______________________________
____

DATE : ______________________________

COMPANIONS : ______________________________

WEATHER CONDITIONS : ☐ HOT   ☐ MILD   ☐ COLD

TEMPERATURE : ______________________________

START TIME : ________________ END TIME : ________________

DURATION : ______________________________

DISTANCE : ______________________________

ALTITUDE : ______________________________

TRAIL TYPE : ☐ LOOP   ☐ ONE WAY   ☐ OUT & BACK   ☐ SHUTTLE

GEAR & EQUIPMENT : ______________________________
____
____

ANIMALS & PLANTS : ______________________________
____
____

MILESTONE : ______________________________
____

TIME : ______________________________

NOTE : ______________________________
____
____
____
____
____

❧ Logbook ❧

TRAIL NAME : ____

LOCATION : ____

____

DATE : ____

COMPANIONS : ____

WEATHER CONDITIONS : ☐ HOT   ☐ MILD   ☐ COLD

TEMPERATURE : ____

START TIME : _________________ END TIME : ______________

DURATION : ____

DISTANCE : ____

ALTITUDE : ____

TRAIL TYPE : ☐ LOOP   ☐ ONE WAY   ☐ OUT & BACK   ☐ SHUTTLE

GEAR & EQUIPMENT : _____________________________________

____

____

ANIMALS & PLANTS : _____________________________________

____

____

MILESTONE : ____

____

TIME : ____

NOTE : ____

____

____

____

____

____

❧ Logbook ❧

TRAIL NAME : ____

LOCATION : ____

____

DATE : ____

COMPANIONS : ____

WEATHER CONDITIONS : ☐ HOT   ☐ MILD   ☐ COLD

TEMPERATURE : ____

START TIME : _______________ END TIME : __________________

DURATION : ____

DISTANCE : ____

ALTITUDE : ____

TRAIL TYPE : ☐ LOOP   ☐ ONE WAY   ☐ OUT & BACK   ☐ SHUTTLE

GEAR & EQUIPMENT : ____

____

____

ANIMALS & PLANTS : ____

____

____

MILESTONE : ____

____

TIME : ____

NOTE : ____

____

____

____

____

____

ꙮ Logbook ꙮ

TRAIL NAME : ___________________________

LOCATION : ___________________________

____

DATE : ___________________________

COMPANIONS : ___________________________

WEATHER CONDITIONS : ☐ HOT   ☐ MILD   ☐ COLD

TEMPERATURE : ___________________________

START TIME : _________________ END TIME : _________________

DURATION : ___________________________

DISTANCE : ___________________________

ALTITUDE : ___________________________

TRAIL TYPE : ☐ LOOP   ☐ ONE WAY   ☐ OUT & BACK   ☐ SHUTTLE

GEAR & EQUIPMENT : ___________________________

____

ANIMALS & PLANTS : ___________________________

____

MILESTONE : ___________________________

TIME : ___________________________

NOTE : ___________________________

____

____

____

____

❧ Logbook ☙

TRAIL NAME : _______________________________________

LOCATION : _______________________________________

____

DATE : _______________________________________

COMPANIONS : _______________________________________

WEATHER CONDITIONS : ☐ HOT   ☐ MILD   ☐ COLD

TEMPERATURE : _______________________________________

START TIME : _____________________ END TIME : _____________________

DURATION : _______________________________________

DISTANCE : _______________________________________

ALTITUDE : _______________________________________

TRAIL TYPE : ☐ LOOP   ☐ ONE WAY   ☐ OUT & BACK   ☐ SHUTTLE

GEAR & EQUIPMENT : _______________________________________

____

____

ANIMALS & PLANTS : _______________________________________

____

____

MILESTONE : _______________________________________

____

TIME : _______________________________________

NOTE : _______________________________________

____

____

____

____

____

❧ Logbook ❧

TRAIL NAME : ____

LOCATION : ____

____

DATE : ____

COMPANIONS : ____

WEATHER CONDITIONS : ☐ HOT   ☐ MILD   ☐ COLD

TEMPERATURE : ____

START TIME : __________________ END TIME : ____________

DURATION : ____

DISTANCE : ____

ALTITUDE : ____

TRAIL TYPE : ☐ LOOP   ☐ ONE WAY   ☐ OUT & BACK   ☐ SHUTTLE

GEAR & EQUIPMENT : ___________________________________

____

____

ANIMALS & PLANTS : ___________________________________

____

____

MILESTONE : ____

____

TIME : ____

NOTE : ____

____

____

____

____

____

❦ Logbook ❧

TRAIL NAME : _______________________________________

LOCATION : ____

____

DATE : ____

COMPANIONS : _______________________________________

WEATHER CONDITIONS : ☐ HOT   ☐ MILD   ☐ COLD

TEMPERATURE : ______________________________________

START TIME : _________________ END TIME : __________________

DURATION : ____

DISTANCE : ____

ALTITUDE : ____

TRAIL TYPE : ☐ LOOP   ☐ ONE WAY   ☐ OUT & BACK   ☐ SHUTTLE

GEAR & EQUIPMENT : _________________________________

____

____

ANIMALS & PLANTS : _________________________________

____

____

MILESTONE : ____

____

TIME : ____

NOTE : ____

____

____

____

____

____

❦ Logbook ❦

TRAIL NAME : ______________________________________

LOCATION : ____
____

DATE : ____

COMPANIONS : _____________________________________

WEATHER CONDITIONS :   ☐ HOT   ☐ MILD   ☐ COLD

TEMPERATURE : _____________________________________

START TIME : _________________ END TIME : _____________

DURATION : ____

DISTANCE : ____

ALTITUDE : ____

TRAIL TYPE : ☐ LOOP   ☐ ONE WAY   ☐ OUT & BACK   ☐ SHUTTLE

GEAR & EQUIPMENT : ________________________________
____
____

ANIMALS & PLANTS : _______________________________
____
____

MILESTONE : _______________________________________
____

TIME : ____

NOTE : ____
____
____
____
____
____

❦ Logbook ❧

TRAIL NAME : ______________________________

LOCATION : ______________________________
____

DATE : ______________________________

COMPANIONS : ______________________________

WEATHER CONDITIONS :   ☐ HOT   ☐ MILD   ☐ COLD

TEMPERATURE : ______________________________

START TIME : ____________________ END TIME : ____________________

DURATION : ______________________________

DISTANCE : ______________________________

ALTITUDE : ______________________________

TRAIL TYPE : ☐ LOOP   ☐ ONE WAY   ☐ OUT & BACK   ☐ SHUTTLE

GEAR & EQUIPMENT : ______________________________
____
____

ANIMALS & PLANTS : ______________________________
____
____

MILESTONE : ______________________________
____

TIME : ______________________________

NOTE : ______________________________
____
____
____
____
____

❧ Logbook ❧

TRAIL NAME : ____

LOCATION : ____

____

DATE : ____

COMPANIONS : ____

WEATHER CONDITIONS : ☐ HOT   ☐ MILD   ☐ COLD

TEMPERATURE : ____

START TIME : _________________ END TIME : _____________

DURATION : ____

DISTANCE : ____

ALTITUDE : ____

TRAIL TYPE : ☐ LOOP   ☐ ONE WAY   ☐ OUT & BACK   ☐ SHUTTLE

GEAR & EQUIPMENT : _____________________________________

____

____

ANIMALS & PLANTS : _____________________________________

____

____

MILESTONE : ____

____

TIME : ____

NOTE : ____

____

____

____

____

____

❧ Logbook ❧

TRAIL NAME : _______________________________

LOCATION : _________________________________

____

DATE : ______________________________________

COMPANIONS : _______________________________

WEATHER CONDITIONS : ☐ HOT   ☐ MILD   ☐ COLD

TEMPERATURE : _____________________________

START TIME : _________________ END TIME : __________

DURATION : _________________________________

DISTANCE : _________________________________

ALTITUDE : _________________________________

TRAIL TYPE : ☐ LOOP   ☐ ONE WAY   ☐ OUT & BACK   ☐ SHUTTLE

GEAR & EQUIPMENT : _________________________

____

____

ANIMALS & PLANTS : _________________________

____

____

MILESTONE : ________________________________

____

TIME : ______________________________________

NOTE : ______________________________________

____

____

____

____

____

❧ Logbook ❧

TRAIL NAME : ______________________________

LOCATION : ______________________________

____

DATE : ______________________________

COMPANIONS : ______________________________

WEATHER CONDITIONS : ☐ HOT   ☐ MILD   ☐ COLD

TEMPERATURE : ______________________________

START TIME : ____________________ END TIME : ____________________

DURATION : ______________________________

DISTANCE : ______________________________

ALTITUDE : ______________________________

TRAIL TYPE : ☐ LOOP   ☐ ONE WAY   ☐ OUT & BACK   ☐ SHUTTLE

GEAR & EQUIPMENT : ______________________________

____

____

ANIMALS & PLANTS : ______________________________

____

____

MILESTONE : ______________________________

____

TIME : ______________________________

NOTE : ______________________________

____

____

____

____

____

❦ Logbook ❧

TRAIL NAME : _______________________________________

LOCATION : ____

____

DATE : ____

COMPANIONS : ______________________________________

WEATHER CONDITIONS : ☐ HOT   ☐ MILD   ☐ COLD

TEMPERATURE : _____________________________________

START TIME : _________________ END TIME : __________

DURATION : ____

DISTANCE : ____

ALTITUDE : ____

TRAIL TYPE : ☐ LOOP   ☐ ONE WAY   ☐ OUT & BACK   ☐ SHUTTLE

GEAR & EQUIPMENT : _______________________________

____

____

ANIMALS & PLANTS : _______________________________

____

____

MILESTONE : _______________________________________

____

TIME : ____

NOTE : ____

____

____

____

____

____

____

❧ Logbook ❧

TRAIL NAME : ____

LOCATION : ____

____

DATE : ____

COMPANIONS : ____

WEATHER CONDITIONS : ☐ HOT   ☐ MILD   ☐ COLD

TEMPERATURE : ____

START TIME : ___________________ END TIME : ________________

DURATION : ____

DISTANCE : ____

ALTITUDE : ____

TRAIL TYPE : ☐ LOOP   ☐ ONE WAY   ☐ OUT & BACK   ☐ SHUTTLE

GEAR & EQUIPMENT : ____

____

ANIMALS & PLANTS : ____

____

____

MILESTONE : ____

____

TIME : ____

NOTE : ____

____

____

____

____

____

❧ Logbook ☙

TRAIL NAME : _______________________________

LOCATION : _________________________________

____

DATE : _____________________________________

COMPANIONS : _______________________________

WEATHER CONDITIONS : ☐ HOT   ☐ MILD   ☐ COLD

TEMPERATURE : ______________________________

START TIME : ________________ END TIME : ____________

DURATION : _________________________________

DISTANCE : _________________________________

ALTITUDE : _________________________________

TRAIL TYPE : ☐ LOOP   ☐ ONE WAY   ☐ OUT & BACK   ☐ SHUTTLE

GEAR & EQUIPMENT : _________________________

____

____

ANIMALS & PLANTS : _________________________

____

____

MILESTONE : ________________________________

____

TIME : _____________________________________

NOTE : _____________________________________

____

____

____

____

____

Logbook

TRAIL NAME : _______________________________________

LOCATION : ____

____

DATE : ____

COMPANIONS : _______________________________________

WEATHER CONDITIONS :   ☐ HOT   ☐ MILD   ☐ COLD

TEMPERATURE : ______________________________________

START TIME : ___________________ END TIME : ___________________

DURATION : ____

DISTANCE : ____

ALTITUDE : ____

TRAIL TYPE : ☐ LOOP   ☐ ONE WAY   ☐ OUT & BACK   ☐ SHUTTLE

GEAR & EQUIPMENT : _________________________________

____

____

ANIMALS & PLANTS : _________________________________

____

____

MILESTONE : ____

____

TIME : ____

NOTE : ____

____

____

____

____

____

❧ Logbook ❧

TRAIL NAME : _______________________________

LOCATION : _________________________________

____

DATE : _____________________________________

COMPANIONS : _______________________________

WEATHER CONDITIONS : ☐ HOT   ☐ MILD   ☐ COLD

TEMPERATURE : ______________________________

START TIME : _______________ END TIME : ___________

DURATION : _________________________________

DISTANCE : _________________________________

ALTITUDE : _________________________________

TRAIL TYPE : ☐ LOOP   ☐ ONE WAY   ☐ OUT & BACK   ☐ SHUTTLE

GEAR & EQUIPMENT : _________________________

____

____

ANIMALS & PLANTS : _________________________

____

____

MILESTONE : ________________________________

____

TIME : _____________________________________

NOTE : _____________________________________

____

____

____

____

____

❧ Logbook ❧

TRAIL NAME : ___________________________

LOCATION : ___________________________

____

DATE : ___________________________

COMPANIONS : ___________________________

WEATHER CONDITIONS : ☐ HOT   ☐ MILD   ☐ COLD

TEMPERATURE : ___________________________

START TIME : _________________ END TIME : _________________

DURATION : ___________________________

DISTANCE : ___________________________

ALTITUDE : ___________________________

TRAIL TYPE : ☐ LOOP   ☐ ONE WAY   ☐ OUT & BACK   ☐ SHUTTLE

GEAR & EQUIPMENT : ___________________________

____

____

ANIMALS & PLANTS : ___________________________

____

____

MILESTONE : ___________________________

____

TIME : ___________________________

NOTE : ___________________________

____

____

____

____

❧ Logbook ❧

TRAIL NAME : _______________________________________

LOCATION : ____

____

DATE : ____

COMPANIONS : _______________________________________

WEATHER CONDITIONS : ☐ HOT   ☐ MILD   ☐ COLD

TEMPERATURE : ______________________________________

START TIME : ______________________ END TIME : ______________________

DURATION : ____

DISTANCE : ____

ALTITUDE : ____

TRAIL TYPE : ☐ LOOP   ☐ ONE WAY   ☐ OUT & BACK   ☐ SHUTTLE

GEAR & EQUIPMENT : _________________________________

____

____

ANIMALS & PLANTS : _________________________________

____

____

MILESTONE : ____

____

TIME : ____

NOTE : ____

____

____

____

____

____

❧ Logbook ❧

TRAIL NAME : ____

LOCATION : ____

____

DATE : ____

COMPANIONS : ____

WEATHER CONDITIONS : ☐ HOT   ☐ MILD   ☐ COLD

TEMPERATURE : ____

START TIME : ___________________ END TIME : ________________

DURATION : ____

DISTANCE : ____

ALTITUDE : ____

TRAIL TYPE : ☐ LOOP   ☐ ONE WAY   ☐ OUT & BACK   ☐ SHUTTLE

GEAR & EQUIPMENT : ____

____

ANIMALS & PLANTS : ____

____

MILESTONE : ____

____

TIME : ____

NOTE : ____

____

____

____

____

❧ Logbook ☙

TRAIL NAME : ____

LOCATION : ____

____

DATE : ____

COMPANIONS : ____

WEATHER CONDITIONS : ☐ HOT   ☐ MILD   ☐ COLD

TEMPERATURE : ____

START TIME : _______________________ END TIME : ___________________

DURATION : ____

DISTANCE : ____

ALTITUDE : ____

TRAIL TYPE : ☐ LOOP   ☐ ONE WAY   ☐ OUT & BACK   ☐ SHUTTLE

GEAR & EQUIPMENT : ____

____

____

ANIMALS & PLANTS : ____

____

____

MILESTONE : ____

____

TIME : ____

NOTE : ____

____

____

____

____

____

❧ Logbook ☙

TRAIL NAME : ___________________________

LOCATION : ___________________________
____

DATE : ___________________________

COMPANIONS : ___________________________

WEATHER CONDITIONS : ☐ HOT   ☐ MILD   ☐ COLD

TEMPERATURE : ___________________________

START TIME : _________________ END TIME : _________________

DURATION : ___________________________

DISTANCE : ___________________________

ALTITUDE : ___________________________

TRAIL TYPE : ☐ LOOP   ☐ ONE WAY   ☐ OUT & BACK   ☐ SHUTTLE

GEAR & EQUIPMENT : ___________________________
____
____

ANIMALS & PLANTS : ___________________________
____
____

MILESTONE : ___________________________
____

TIME : ___________________________

NOTE : ___________________________
____
____
____
____
____

ꙮ Logbook ꙮ

TRAIL NAME : ____

LOCATION : ____

____

DATE : ____

COMPANIONS : ____

WEATHER CONDITIONS : ☐ HOT   ☐ MILD   ☐ COLD

TEMPERATURE : _______________________________________

START TIME : _________________ END TIME : ____________

DURATION : ____

DISTANCE : ____

ALTITUDE : ____

TRAIL TYPE : ☐ LOOP   ☐ ONE WAY   ☐ OUT & BACK   ☐ SHUTTLE

GEAR & EQUIPMENT : __________________________________

____

____

ANIMALS & PLANTS : _________________________________

____

____

MILESTONE : ____

____

TIME : ____

NOTE : ____

____

____

____

____

____

____

❧ Logbook ❧

TRAIL NAME : ____

LOCATION : ____

____

DATE : ____

COMPANIONS : ____

WEATHER CONDITIONS : ☐ HOT   ☐ MILD   ☐ COLD

TEMPERATURE : ____

START TIME : _____________________ END TIME : _______________

DURATION : ____

DISTANCE : ____

ALTITUDE : ____

TRAIL TYPE : ☐ LOOP   ☐ ONE WAY   ☐ OUT & BACK   ☐ SHUTTLE

GEAR & EQUIPMENT : ____

____

____

ANIMALS & PLANTS : ____

____

____

MILESTONE : ____

____

TIME : ____

NOTE : ____

____

____

____

____

____

❧ Logbook ❧

TRAIL NAME : _______________________________

LOCATION : _______________________________

____

DATE : _______________________________

COMPANIONS : _______________________________

WEATHER CONDITIONS : ☐ HOT   ☐ MILD   ☐ COLD

TEMPERATURE : _______________________________

START TIME : _____________________ END TIME : _____________________

DURATION : _______________________________

DISTANCE : _______________________________

ALTITUDE : _______________________________

TRAIL TYPE : ☐ LOOP   ☐ ONE WAY   ☐ OUT & BACK   ☐ SHUTTLE

GEAR & EQUIPMENT : _______________________________

____

____

ANIMALS & PLANTS : _______________________________

____

____

MILESTONE : _______________________________

____

TIME : _______________________________

NOTE : _______________________________

____

____

____

____

____

____

❧ Logbook ❧

TRAIL NAME : _______________________________

LOCATION : _________________________________

____

DATE : _____________________________________

COMPANIONS : _______________________________

WEATHER CONDITIONS : ☐ HOT   ☐ MILD   ☐ COLD

TEMPERATURE : ______________________________

START TIME : __________________ END TIME : ______________

DURATION : _________________________________

DISTANCE : _________________________________

ALTITUDE : _________________________________

TRAIL TYPE : ☐ LOOP   ☐ ONE WAY   ☐ OUT & BACK   ☐ SHUTTLE

GEAR & EQUIPMENT : _________________________

____

____

ANIMALS & PLANTS : _________________________

____

____

MILESTONE : ________________________________

____

TIME : _____________________________________

NOTE : _____________________________________

____

____

____

____

____

❧ Logbook ❧

TRAIL NAME : ____

LOCATION : ____

____

DATE : ____

COMPANIONS : ____

WEATHER CONDITIONS :   ☐ HOT   ☐ MILD   ☐ COLD

TEMPERATURE : ____

START TIME : ____________________ END TIME : _______________

DURATION : ____

DISTANCE : ____

ALTITUDE : ____

TRAIL TYPE : ☐ LOOP   ☐ ONE WAY   ☐ OUT & BACK   ☐ SHUTTLE

GEAR & EQUIPMENT : ____

____

____

ANIMALS & PLANTS : ____

____

____

MILESTONE : ____

____

TIME : ____

NOTE : ____

____

____

____

____

____

☙ Logbook ❧

TRAIL NAME : ______________________________

LOCATION : ______________________________
____

DATE : ______________________________

COMPANIONS : ______________________________

WEATHER CONDITIONS : ☐ HOT   ☐ MILD   ☐ COLD

TEMPERATURE : ______________________________

START TIME : ________________ END TIME : ________________

DURATION : ______________________________

DISTANCE : ______________________________

ALTITUDE : ______________________________

TRAIL TYPE : ☐ LOOP   ☐ ONE WAY   ☐ OUT & BACK   ☐ SHUTTLE

GEAR & EQUIPMENT : ______________________________
____
____

ANIMALS & PLANTS : ______________________________
____
____

MILESTONE : ______________________________
____

TIME : ______________________________

NOTE : ______________________________
____
____
____
____
____

❧ Logbook ❧

TRAIL NAME : ____

LOCATION : ____

____

DATE : ____

COMPANIONS : ____

WEATHER CONDITIONS :   ☐ HOT   ☐ MILD   ☐ COLD

TEMPERATURE : ____

START TIME : __________________ END TIME : ________________

DURATION : ____

DISTANCE : ____

ALTITUDE : ____

TRAIL TYPE : ☐ LOOP   ☐ ONE WAY   ☐ OUT & BACK   ☐ SHUTTLE

GEAR & EQUIPMENT : ____

____

____

ANIMALS & PLANTS : ____

____

____

MILESTONE : ____

____

TIME : ____

NOTE : ____

____

____

____

____

____

❧ Logbook ☙

TRAIL NAME : _______________________________

LOCATION : _______________________________

____

DATE : _______________________________

COMPANIONS : _______________________________

WEATHER CONDITIONS : ☐ HOT   ☐ MILD   ☐ COLD

TEMPERATURE : _______________________________

START TIME : _________________ END TIME : _________________

DURATION : _______________________________

DISTANCE : _______________________________

ALTITUDE : _______________________________

TRAIL TYPE : ☐ LOOP   ☐ ONE WAY   ☐ OUT & BACK   ☐ SHUTTLE

GEAR & EQUIPMENT : _______________________________

____

____

ANIMALS & PLANTS : _______________________________

____

____

MILESTONE : _______________________________

____

TIME : _______________________________

NOTE : _______________________________

____

____

____

____

____

❧ Logbook ❧

TRAIL NAME : _______________________________________

LOCATION : ____

____

DATE : ____

COMPANIONS : _______________________________________

WEATHER CONDITIONS : ☐ HOT   ☐ MILD   ☐ COLD

TEMPERATURE : ______________________________________

START TIME : __________________ END TIME : __________

DURATION : ____

DISTANCE : ____

ALTITUDE : ____

TRAIL TYPE : ☐ LOOP   ☐ ONE WAY   ☐ OUT & BACK   ☐ SHUTTLE

GEAR & EQUIPMENT : _________________________________

____

____

ANIMALS & PLANTS : _________________________________

____

____

MILESTONE : ____

____

TIME : ____

NOTE : ____

____

____

____

____

____

❧ Logbook ❧

TRAIL NAME : ____

LOCATION : ____

____

DATE : ____

COMPANIONS : ____

WEATHER CONDITIONS : ☐ HOT   ☐ MILD   ☐ COLD

TEMPERATURE : ____

START TIME : _______________________ END TIME : ___________________

DURATION : ____

DISTANCE : ____

ALTITUDE : ____

TRAIL TYPE : ☐ LOOP   ☐ ONE WAY   ☐ OUT & BACK   ☐ SHUTTLE

GEAR & EQUIPMENT : ____

____

____

ANIMALS & PLANTS : ____

____

____

MILESTONE : ____

____

TIME : ____

NOTE : ____

____

____

____

____

____

❧ Logbook ❧

TRAIL NAME : _______________________________

LOCATION : _________________________________

____

DATE : _____________________________________

COMPANIONS : _______________________________

WEATHER CONDITIONS : ☐ HOT   ☐ MILD   ☐ COLD

TEMPERATURE : ______________________________

START TIME : ________________ END TIME : ____________

DURATION : _________________________________

DISTANCE : _________________________________

ALTITUDE : _________________________________

TRAIL TYPE : ☐ LOOP   ☐ ONE WAY   ☐ OUT & BACK   ☐ SHUTTLE

GEAR & EQUIPMENT : _________________________

____

____

ANIMALS & PLANTS : _________________________

____

____

MILESTONE : ________________________________

____

TIME : _____________________________________

NOTE : _____________________________________

____

____

____

____

____

❧ Logbook ❧

TRAIL NAME : ____

LOCATION : ____

____

DATE : ____

COMPANIONS : ____

WEATHER CONDITIONS : ☐ HOT ☐ MILD ☐ COLD

TEMPERATURE : ____

START TIME : ____________________ END TIME : ___________

DURATION : ____

DISTANCE : ____

ALTITUDE : ____

TRAIL TYPE : ☐ LOOP ☐ ONE WAY ☐ OUT & BACK ☐ SHUTTLE

GEAR & EQUIPMENT : _____________________________________

____

____

ANIMALS & PLANTS : _____________________________________

____

____

MILESTONE : ____

____

TIME : ____

NOTE : ____

____

____

____

____

____

____

❦ Logbook ❦

TRAIL NAME : ____

LOCATION : ____

____

DATE : ____

COMPANIONS : ____

WEATHER CONDITIONS : ☐ HOT   ☐ MILD   ☐ COLD

TEMPERATURE : ____

START TIME : _________________________ END TIME : _____________________

DURATION : ____

DISTANCE : ____

ALTITUDE : ____

TRAIL TYPE : ☐ LOOP   ☐ ONE WAY   ☐ OUT & BACK   ☐ SHUTTLE

GEAR & EQUIPMENT : ____

____

____

ANIMALS & PLANTS : ____

____

____

MILESTONE : ____

____

TIME : ____

NOTE : ____

____

____

____

____

____

❧ Logbook ❧

TRAIL NAME : ____

LOCATION : ____

____

DATE : ____

COMPANIONS : ____

WEATHER CONDITIONS : ☐ HOT   ☐ MILD   ☐ COLD

TEMPERATURE : ____

START TIME : _____________________ END TIME : ______________

DURATION : ____

DISTANCE : ____

ALTITUDE : ____

TRAIL TYPE : ☐ LOOP   ☐ ONE WAY   ☐ OUT & BACK   ☐ SHUTTLE

GEAR & EQUIPMENT : ____

____

____

ANIMALS & PLANTS : ____

____

____

MILESTONE : ____

____

TIME : ____

NOTE : ____

____

____

____

____

____

❧ Logbook ❧

TRAIL NAME : ___________________________________

LOCATION : _____________________________________
____

DATE : ____

COMPANIONS : ___________________________________

WEATHER CONDITIONS : ☐ HOT   ☐ MILD   ☐ COLD

TEMPERATURE : __________________________________

START TIME : _______________ END TIME : _____________

DURATION : _____________________________________

DISTANCE : _____________________________________

ALTITUDE : _____________________________________

TRAIL TYPE : ☐ LOOP   ☐ ONE WAY   ☐ OUT & BACK   ☐ SHUTTLE

GEAR & EQUIPMENT : _____________________________
____
____

ANIMALS & PLANTS : _____________________________
____
____

MILESTONE : ____________________________________
____

TIME : ____

NOTE : ____
____
____
____
____
____

❧ Logbook ❧

TRAIL NAME : _______________________

LOCATION : _______________________
____

DATE : _______________________

COMPANIONS : _______________________

WEATHER CONDITIONS : ☐ HOT   ☐ MILD   ☐ COLD

TEMPERATURE : _______________________

START TIME : _____________ END TIME : _____________

DURATION : _______________________

DISTANCE : _______________________

ALTITUDE : _______________________

TRAIL TYPE : ☐ LOOP   ☐ ONE WAY   ☐ OUT & BACK   ☐ SHUTTLE

GEAR & EQUIPMENT : _______________________
____
____

ANIMALS & PLANTS : _______________________
____
____

MILESTONE : _______________________
____

TIME : _______________________

NOTE : _______________________
____
____
____
____
____

❧ Logbook ❧

TRAIL NAME : _______________________

LOCATION : _______________________

____

DATE : _______________________

COMPANIONS : _______________________

WEATHER CONDITIONS : ☐ HOT ☐ MILD ☐ COLD

TEMPERATURE : _______________________

START TIME : _____________ END TIME : _____________

DURATION : _______________________

DISTANCE : _______________________

ALTITUDE : _______________________

TRAIL TYPE : ☐ LOOP ☐ ONE WAY ☐ OUT & BACK ☐ SHUTTLE

GEAR & EQUIPMENT : _______________________

____

____

ANIMALS & PLANTS : _______________________

____

____

MILESTONE : _______________________

____

TIME : _______________________

NOTE : _______________________

____

____

____

____

____

❧ Logbook ❧

TRAIL NAME : ____

LOCATION : ____
____

DATE : ____

COMPANIONS : ____

WEATHER CONDITIONS : ☐ HOT   ☐ MILD   ☐ COLD

TEMPERATURE : ____

START TIME : ______________________ END TIME : _______________

DURATION : ____

DISTANCE : ____

ALTITUDE : ____

TRAIL TYPE : ☐ LOOP ☐ ONE WAY ☐ OUT & BACK ☐ SHUTTLE

GEAR & EQUIPMENT : ____________________________________
____
____

ANIMALS & PLANTS : ____________________________________
____
____

MILESTONE : ____
____

TIME : ____

NOTE : ____
____
____
____
____

❧ Logbook ☙

TRAIL NAME : _______________________________

LOCATION : _________________________________

____

DATE : _____________________________________

COMPANIONS : ______________________________

WEATHER CONDITIONS : ☐ HOT ☐ MILD ☐ COLD

TEMPERATURE : _____________________________

START TIME : _________________ END TIME : _____________

DURATION : _________________________________

DISTANCE : _________________________________

ALTITUDE : _________________________________

TRAIL TYPE : ☐ LOOP ☐ ONE WAY ☐ OUT & BACK ☐ SHUTTLE

GEAR & EQUIPMENT : ________________________

____

____

ANIMALS & PLANTS : ________________________

____

____

MILESTONE : _______________________________

____

TIME : _____________________________________

NOTE : _____________________________________

____

____

____

____

____

❧ Logbook ❧

TRAIL NAME : _______________________________

LOCATION : _______________________________

____

DATE : _______________________________

COMPANIONS : _______________________________

WEATHER CONDITIONS : ☐ HOT   ☐ MILD   ☐ COLD

TEMPERATURE : _______________________________

START TIME : _______________ END TIME : _______________

DURATION : _______________________________

DISTANCE : _______________________________

ALTITUDE : _______________________________

TRAIL TYPE : ☐ LOOP   ☐ ONE WAY   ☐ OUT & BACK   ☐ SHUTTLE

GEAR & EQUIPMENT : _______________________________

____

____

ANIMALS & PLANTS : _______________________________

____

____

MILESTONE : _______________________________

____

TIME : _______________________________

NOTE : _______________________________

____

____

____

____

____

Logbook

TRAIL NAME : _______________________________________

LOCATION : ____
____

DATE : ____

COMPANIONS : _______________________________________

WEATHER CONDITIONS : ☐ HOT   ☐ MILD   ☐ COLD

TEMPERATURE : ______________________________________

START TIME : ___________________ END TIME : __________

DURATION : ____

DISTANCE : ____

ALTITUDE : ____

TRAIL TYPE : ☐ LOOP   ☐ ONE WAY   ☐ OUT & BACK   ☐ SHUTTLE

GEAR & EQUIPMENT : _________________________________
____
____

ANIMALS & PLANTS : _________________________________
____
____

MILESTONE : ____
____

TIME : ____

NOTE : ____
____
____
____
____
____
____

❧ Logbook ☙

TRAIL NAME : _______________________________________

LOCATION : ____

____

DATE : ____

COMPANIONS : ______________________________________

WEATHER CONDITIONS : ☐ HOT   ☐ MILD   ☐ COLD

TEMPERATURE : _____________________________________

START TIME : _________________ END TIME : _________________

DURATION : ____

DISTANCE : ____

ALTITUDE : ____

TRAIL TYPE : ☐ LOOP   ☐ ONE WAY   ☐ OUT & BACK   ☐ SHUTTLE

GEAR & EQUIPMENT : ________________________________

____

____

ANIMALS & PLANTS : ________________________________

____

____

MILESTONE : _______________________________________

____

TIME : ____

NOTE : ____

____

____

____

____

____

____

❧ Logbook ❧

TRAIL NAME : _______________________________________

LOCATION : ____

____

DATE : ____

COMPANIONS : _______________________________________

WEATHER CONDITIONS : ☐ HOT   ☐ MILD   ☐ COLD

TEMPERATURE : ______________________________________

START TIME : _____________________ END TIME : _______________

DURATION : ____

DISTANCE : ____

ALTITUDE : ____

TRAIL TYPE : ☐ LOOP   ☐ ONE WAY   ☐ OUT & BACK   ☐ SHUTTLE

GEAR & EQUIPMENT : _________________________________

____

____

ANIMALS & PLANTS : _________________________________

____

____

MILESTONE : ____

____

TIME : ____

NOTE : ____

____

____

____

____

____

❧ Logbook ❧

TRAIL NAME : ____

LOCATION : ____

____

DATE : ____

COMPANIONS : ____

WEATHER CONDITIONS :　☐　HOT　　☐　MILD　　☐　COLD

TEMPERATURE : ____

START TIME : _________________________ END TIME : __________________

DURATION : ____

DISTANCE : ____

ALTITUDE : ____

TRAIL TYPE : ☐ LOOP　☐ ONE WAY　☐ OUT & BACK　☐ SHUTTLE

GEAR & EQUIPMENT : ____

____

____

ANIMALS & PLANTS : ____

____

____

MILESTONE : ____

____

TIME : ____

NOTE : ____

____

____

____

____

❧ Logbook ❧

TRAIL NAME : ____

LOCATION : ____

____

DATE : ____

COMPANIONS : ____

WEATHER CONDITIONS : ☐ HOT   ☐ MILD   ☐ COLD

TEMPERATURE : ____

START TIME : ____________________ END TIME : _______________

DURATION : ____

DISTANCE : ____

ALTITUDE : ____

TRAIL TYPE : ☐ LOOP   ☐ ONE WAY   ☐ OUT & BACK   ☐ SHUTTLE

GEAR & EQUIPMENT : ____

____

____

ANIMALS & PLANTS : ____

____

____

MILESTONE : ____

____

TIME : ____

NOTE : ____

____

____

____

____

____

____

❧ Logbook ❧

TRAIL NAME : ____

LOCATION : ____

____

DATE : ____

COMPANIONS : ____

WEATHER CONDITIONS : ☐ HOT   ☐ MILD   ☐ COLD

TEMPERATURE : _______________________________________

START TIME : ____________________ END TIME : _________________

DURATION : ____

DISTANCE : ____

ALTITUDE : ____

TRAIL TYPE : ☐ LOOP   ☐ ONE WAY   ☐ OUT & BACK   ☐ SHUTTLE

GEAR & EQUIPMENT : __________________________________

____

____

ANIMALS & PLANTS : _________________________________

____

____

MILESTONE : ____

____

TIME : ____

NOTE : ____

____

____

____

____

____

❦ Logbook ❧

TRAIL NAME : _______________________

LOCATION : _______________________
____

DATE : _______________________

COMPANIONS : _______________________

WEATHER CONDITIONS : ☐ HOT   ☐ MILD   ☐ COLD

TEMPERATURE : _______________________

START TIME : _________________ END TIME : _________________

DURATION : _______________________

DISTANCE : _______________________

ALTITUDE : _______________________

TRAIL TYPE : ☐ LOOP   ☐ ONE WAY   ☐ OUT & BACK   ☐ SHUTTLE

GEAR & EQUIPMENT : _______________________
____
____

ANIMALS & PLANTS : _______________________
____
____

MILESTONE : _______________________
____

TIME : _______________________

NOTE : _______________________
____
____
____
____
____

❧ Logbook ❧

TRAIL NAME : ____

LOCATION : ____

____

DATE : ____

COMPANIONS : ____

WEATHER CONDITIONS :   ☐ HOT   ☐ MILD   ☐ COLD

TEMPERATURE : ____

START TIME : __________________ END TIME : _______________

DURATION : ____

DISTANCE : ____

ALTITUDE : ____

TRAIL TYPE : ☐ LOOP   ☐ ONE WAY   ☐ OUT & BACK   ☐ SHUTTLE

GEAR & EQUIPMENT : ____

____

ANIMALS & PLANTS : ____

____

____

MILESTONE : ____

____

TIME : ____

NOTE : ____

____

____

____

____

❧ Logbook ☙

TRAIL NAME : _______________________________________

LOCATION : ____

____

DATE : ____

COMPANIONS : ______________________________________

WEATHER CONDITIONS :　☐　HOT　　☐　MILD　　☐　COLD

TEMPERATURE : ______________________________________

START TIME : _________________　END TIME : ___________

DURATION : ____

DISTANCE : ____

ALTITUDE : ____

TRAIL TYPE : ☐ LOOP　☐ ONE WAY　☐ OUT & BACK　☐ SHUTTLE

GEAR & EQUIPMENT : _________________________________

____

____

ANIMALS & PLANTS : _________________________________

____

____

MILESTONE : ____

____

TIME : ____

NOTE : ____

____

____

____

____

____

❧ Logbook ❧

TRAIL NAME : ______________________________

LOCATION : ______________________________
____

DATE : ______________________________

COMPANIONS : ______________________________

WEATHER CONDITIONS : ☐ HOT   ☐ MILD   ☐ COLD

TEMPERATURE : ______________________________

START TIME : __________________ END TIME : __________________

DURATION : ______________________________

DISTANCE : ______________________________

ALTITUDE : ______________________________

TRAIL TYPE : ☐ LOOP   ☐ ONE WAY   ☐ OUT & BACK   ☐ SHUTTLE

GEAR & EQUIPMENT : ______________________________
____
____

ANIMALS & PLANTS : ______________________________
____
____

MILESTONE : ______________________________
____

TIME : ______________________________

NOTE : ______________________________
____
____
____
____
____

❧ Logbook ❧

TRAIL NAME : _______________________________

LOCATION : _________________________________
____

DATE : _____________________________________

COMPANIONS : _______________________________

WEATHER CONDITIONS : ☐ HOT ☐ MILD ☐ COLD

TEMPERATURE : ______________________________

START TIME : ______________ END TIME : ______________

DURATION : _________________________________

DISTANCE : _________________________________

ALTITUDE : _________________________________

TRAIL TYPE : ☐ LOOP ☐ ONE WAY ☐ OUT & BACK ☐ SHUTTLE

GEAR & EQUIPMENT : _________________________
____
____

ANIMALS & PLANTS : _________________________
____
____

MILESTONE : ________________________________
____

TIME : _____________________________________

NOTE : _____________________________________
____
____
____
____
____

❧ Logbook ❧

TRAIL NAME : ____

LOCATION : ____

____

DATE : ____

COMPANIONS : ____

WEATHER CONDITIONS :   ☐ HOT   ☐ MILD   ☐ COLD

TEMPERATURE : ____

START TIME : ___________________ END TIME : ___________________

DURATION : ____

DISTANCE : ____

ALTITUDE : ____

TRAIL TYPE : ☐ LOOP   ☐ ONE WAY   ☐ OUT & BACK   ☐ SHUTTLE

GEAR & EQUIPMENT : ____

____

____

ANIMALS & PLANTS : ____

____

____

MILESTONE : ____

____

TIME : ____

NOTE : ____

____

____

____

____

____

TRAIL NAME : ______________________________________

LOCATION : ______________________________________
____

DATE : ______________________________________

COMPANIONS : ______________________________________

WEATHER CONDITIONS : ☐ HOT   ☐ MILD   ☐ COLD

TEMPERATURE : ______________________________________

START TIME : ________________ END TIME : ________________

DURATION : ______________________________________

DISTANCE : ______________________________________

ALTITUDE : ______________________________________

TRAIL TYPE : ☐ LOOP   ☐ ONE WAY   ☐ OUT & BACK   ☐ SHUTTLE

GEAR & EQUIPMENT : ______________________________________
____
____

ANIMALS & PLANTS : ______________________________________
____
____

MILESTONE : ______________________________________
____

TIME : ______________________________________

NOTE : ______________________________________
____
____
____
____
____

❧ Logbook ❧

TRAIL NAME : ____

LOCATION : ____

____

DATE : ____

COMPANIONS : ____

WEATHER CONDITIONS : ☐ HOT   ☐ MILD   ☐ COLD

TEMPERATURE : ____

START TIME : _____________________ END TIME : _______________

DURATION : ____

DISTANCE : ____

ALTITUDE : ____

TRAIL TYPE : ☐ LOOP   ☐ ONE WAY   ☐ OUT & BACK   ☐ SHUTTLE

GEAR & EQUIPMENT : ____

____

____

ANIMALS & PLANTS : ____

____

____

MILESTONE : ____

____

TIME : ____

NOTE : ____

____

____

____

____

____

✦ Logbook ✦

TRAIL NAME : _______________________________

LOCATION : _________________________________

____

DATE : _____________________________________

COMPANIONS : _______________________________

WEATHER CONDITIONS : ☐ HOT   ☐ MILD   ☐ COLD

TEMPERATURE : ______________________________

START TIME : ________________ END TIME : ____________

DURATION : _________________________________

DISTANCE : _________________________________

ALTITUDE : _________________________________

TRAIL TYPE : ☐ LOOP   ☐ ONE WAY   ☐ OUT & BACK   ☐ SHUTTLE

GEAR & EQUIPMENT : _________________________

____

____

ANIMALS & PLANTS : _________________________

____

____

MILESTONE : ________________________________

____

TIME : _____________________________________

NOTE : _____________________________________

____

____

____

____

____

❧ Logbook ❧

TRAIL NAME : ____

LOCATION : ____

____

DATE : ____

COMPANIONS : ____

WEATHER CONDITIONS :   □ HOT   □ MILD   □ COLD

TEMPERATURE : ____

START TIME : ______________________ END TIME : __________________

DURATION : ____

DISTANCE : ____

ALTITUDE : ____

TRAIL TYPE : □ LOOP   □ ONE WAY   □ OUT & BACK   □ SHUTTLE

GEAR & EQUIPMENT : ____

____

____

ANIMALS & PLANTS : ____

____

____

MILESTONE : ____

____

TIME : ____

NOTE : ____

____

____

____

____

____

❦ Logbook ❧

TRAIL NAME : ____

LOCATION : ____

____

DATE : ____

COMPANIONS : ____

WEATHER CONDITIONS : ☐ HOT   ☐ MILD   ☐ COLD

TEMPERATURE : ____

START TIME : _________________ END TIME : _________________

DURATION : ____

DISTANCE : ____

ALTITUDE : ____

TRAIL TYPE : ☐ LOOP   ☐ ONE WAY   ☐ OUT & BACK   ☐ SHUTTLE

GEAR & EQUIPMENT : ____

____

____

ANIMALS & PLANTS : ____

____

____

MILESTONE : ____

____

TIME : ____

NOTE : ____

____

____

____

____

____

❧ Logbook ❧

TRAIL NAME : ____

LOCATION : ____

____

DATE : ____

COMPANIONS : ____

WEATHER CONDITIONS : ☐ HOT   ☐ MILD   ☐ COLD

TEMPERATURE : ____

START TIME : _______________________ END TIME : _______________________

DURATION : ____

DISTANCE : ____

ALTITUDE : ____

TRAIL TYPE : ☐ LOOP   ☐ ONE WAY   ☐ OUT & BACK   ☐ SHUTTLE

GEAR & EQUIPMENT : ____________________________________

____

____

ANIMALS & PLANTS : _____________________________________

____

____

MILESTONE : ____

____

TIME : ____

NOTE : ____

____

____

____

____

____

Logbook

TRAIL NAME : _______________________________________

LOCATION : ____

____

DATE : ____

COMPANIONS : _______________________________________

WEATHER CONDITIONS : ☐ HOT   ☐ MILD   ☐ COLD

TEMPERATURE : ______________________________________

START TIME : _________________ END TIME : ___________

DURATION : ____

DISTANCE : ____

ALTITUDE : ____

TRAIL TYPE : ☐ LOOP ☐ ONE WAY ☐ OUT & BACK ☐ SHUTTLE

GEAR & EQUIPMENT : _________________________________

____

____

ANIMALS & PLANTS : _________________________________

____

____

MILESTONE : ____

____

TIME : ____

NOTE : ____

____

____

____

____

____

❧ Logbook ❧

TRAIL NAME : _______________________________

LOCATION : _________________________________

____

DATE : _____________________________________

COMPANIONS : _______________________________

WEATHER CONDITIONS : ☐ HOT   ☐ MILD   ☐ COLD

TEMPERATURE : ______________________________

START TIME : _________________ END TIME : _____________

DURATION : _________________________________

DISTANCE : _________________________________

ALTITUDE : _________________________________

TRAIL TYPE : ☐ LOOP   ☐ ONE WAY   ☐ OUT & BACK   ☐ SHUTTLE

GEAR & EQUIPMENT : _________________________

____

____

ANIMALS & PLANTS : _________________________

____

____

MILESTONE : ________________________________

____

TIME : _____________________________________

NOTE : _____________________________________

____

____

____

____

____

❧ Logbook ❧

TRAIL NAME : ____

LOCATION : ____

____

DATE : ____

COMPANIONS : ____

WEATHER CONDITIONS :   ☐ HOT   ☐ MILD   ☐ COLD

TEMPERATURE : _______________________________________

START TIME : _______________________ END TIME : ___________________

DURATION : ____

DISTANCE : ____

ALTITUDE : ____

TRAIL TYPE : ☐ LOOP   ☐ ONE WAY   ☐ OUT & BACK   ☐ SHUTTLE

GEAR & EQUIPMENT : __________________________________

____

____

ANIMALS & PLANTS : _________________________________

____

____

MILESTONE : ____

____

TIME : ____

NOTE : ____

____

____

____

____

____

❧ Logbook ❧

TRAIL NAME : ___________________________

LOCATION : ___________________________

____

DATE : ___________________________

COMPANIONS : ___________________________

WEATHER CONDITIONS : ☐ HOT   ☐ MILD   ☐ COLD

TEMPERATURE : ___________________________

START TIME : _________________ END TIME : _________________

DURATION : ___________________________

DISTANCE : ___________________________

ALTITUDE : ___________________________

TRAIL TYPE : ☐ LOOP   ☐ ONE WAY   ☐ OUT & BACK   ☐ SHUTTLE

GEAR & EQUIPMENT : ___________________________

____

ANIMALS & PLANTS : ___________________________

____

____

MILESTONE : ___________________________

____

TIME : ___________________________

NOTE : ___________________________

____

____

____

____

ꜟꜭ Logbook ꜩꜫ

TRAIL NAME : ____

LOCATION : ____

____

DATE : ____

COMPANIONS : ____

WEATHER CONDITIONS :   ☐ HOT   ☐ MILD   ☐ COLD

TEMPERATURE : _______________________________________

START TIME : ____________________ END TIME : _________________

DURATION : ____

DISTANCE : ____

ALTITUDE : ____

TRAIL TYPE : ☐ LOOP   ☐ ONE WAY   ☐ OUT & BACK   ☐ SHUTTLE

GEAR & EQUIPMENT : __________________________________

____

____

ANIMALS & PLANTS : __________________________________

____

____

MILESTONE : ____

____

TIME : ____

NOTE : ____

____

____

____

____

____

❧ Logbook ❧

TRAIL NAME : _______________________________________

LOCATION : ____

____

DATE : ____

COMPANIONS : _______________________________________

WEATHER CONDITIONS : ☐ HOT   ☐ MILD   ☐ COLD

TEMPERATURE : ______________________________________

START TIME : _________________ END TIME : __________________

DURATION : ____

DISTANCE : ____

ALTITUDE : ____

TRAIL TYPE : ☐ LOOP   ☐ ONE WAY   ☐ OUT & BACK   ☐ SHUTTLE

GEAR & EQUIPMENT : _________________________________

____

____

ANIMALS & PLANTS : ________________________________

____

____

MILESTONE : ____

____

TIME : ____

NOTE : ____

____

____

____

____

____

❧ Logbook ☙

TRAIL NAME : _______________________________

LOCATION : _________________________________

____

DATE : _____________________________________

COMPANIONS : _______________________________

WEATHER CONDITIONS : ☐ HOT   ☐ MILD   ☐ COLD

TEMPERATURE : ______________________________

START TIME : ________________ END TIME : ___________

DURATION : _________________________________

DISTANCE : _________________________________

ALTITUDE : _________________________________

TRAIL TYPE : ☐ LOOP   ☐ ONE WAY   ☐ OUT & BACK   ☐ SHUTTLE

GEAR & EQUIPMENT : _________________________

____

____

ANIMALS & PLANTS : _________________________

____

____

MILESTONE : ________________________________

____

TIME : _____________________________________

NOTE : _____________________________________

____

____

____

____

____

❧ Logbook ☙

TRAIL NAME : ____

LOCATION : ____
____

DATE : ____

COMPANIONS : ____

WEATHER CONDITIONS :　☐ HOT　　☐ MILD　　☐ COLD

TEMPERATURE : ____

START TIME : ____________________ END TIME : ____________________

DURATION : ____

DISTANCE : ____

ALTITUDE : ____

TRAIL TYPE : ☐ LOOP　 ☐ ONE WAY　 ☐ OUT & BACK　 ☐ SHUTTLE

GEAR & EQUIPMENT : ____
____
____

ANIMALS & PLANTS : ____
____
____

MILESTONE : ____
____

TIME : ____

NOTE : ____
____
____
____
____
____

❧ Logbook ❧

TRAIL NAME : ____

LOCATION : ____

____

DATE : ____

COMPANIONS : ____

WEATHER CONDITIONS : ☐ HOT   ☐ MILD   ☐ COLD

TEMPERATURE : ____

START TIME : _______________ END TIME : _______________

DURATION : ____

DISTANCE : ____

ALTITUDE : ____

TRAIL TYPE : ☐ LOOP   ☐ ONE WAY   ☐ OUT & BACK   ☐ SHUTTLE

GEAR & EQUIPMENT : _____________________________________

____

____

ANIMALS & PLANTS : _____________________________________

____

____

MILESTONE : ____

____

TIME : ____

NOTE : ____

____

____

____

____

____

❧ Logbook ❧

TRAIL NAME : _______________________________

LOCATION : _______________________________

____

DATE : _______________________________

COMPANIONS : _______________________________

WEATHER CONDITIONS :　☐ HOT　　☐ MILD　　☐ COLD

TEMPERATURE : _______________________________

START TIME : ________________　END TIME : ________________

DURATION : _______________________________

DISTANCE : _______________________________

ALTITUDE : _______________________________

TRAIL TYPE : ☐ LOOP　☐ ONE WAY　☐ OUT & BACK　☐ SHUTTLE

GEAR & EQUIPMENT : _______________________________

____

ANIMALS & PLANTS : _______________________________

____

MILESTONE : _______________________________

TIME : _______________________________

NOTE : _______________________________

____

____

____

____

❧ Logbook ❧

TRAIL NAME : ______________________________

LOCATION : ______________________________
____

DATE : ______________________________

COMPANIONS : ______________________________

WEATHER CONDITIONS :   ☐ HOT   ☐ MILD   ☐ COLD

TEMPERATURE : ______________________________

START TIME : _______________   END TIME : _______________

DURATION : ______________________________

DISTANCE : ______________________________

ALTITUDE : ______________________________

TRAIL TYPE : ☐ LOOP   ☐ ONE WAY   ☐ OUT & BACK   ☐ SHUTTLE

GEAR & EQUIPMENT : ______________________________
____
____

ANIMALS & PLANTS : ______________________________
____
____

MILESTONE : ______________________________
____

TIME : ______________________________

NOTE : ______________________________
____
____
____
____
____

❧ Logbook ☙

TRAIL NAME : ____

LOCATION : ____

____

DATE : ____

COMPANIONS : ____

WEATHER CONDITIONS :　□　HOT　　　□　MILD　　　□　COLD

TEMPERATURE : ____

START TIME : ______________________ END TIME : ______________

DURATION : ____

DISTANCE : ____

ALTITUDE : ____

TRAIL TYPE : □　LOOP　　□　ONE WAY　　□　OUT & BACK　　□　SHUTTLE

GEAR & EQUIPMENT : ____

____

____

ANIMALS & PLANTS : ____

____

____

MILESTONE : ____

____

TIME : ____

NOTE : ____

____

____

____

____

____

❧ Logbook ❧

TRAIL NAME : _______________________________

LOCATION : _________________________________

____

DATE : _____________________________________

COMPANIONS : _______________________________

WEATHER CONDITIONS : ☐ HOT   ☐ MILD   ☐ COLD

TEMPERATURE : ______________________________

START TIME : _________________ END TIME : _________________

DURATION : _________________________________

DISTANCE : _________________________________

ALTITUDE : _________________________________

TRAIL TYPE : ☐ LOOP   ☐ ONE WAY   ☐ OUT & BACK   ☐ SHUTTLE

GEAR & EQUIPMENT : _________________________

____

____

ANIMALS & PLANTS : _________________________

____

____

MILESTONE : ________________________________

____

TIME : _____________________________________

NOTE : _____________________________________

____

____

____

____

____

❧ Logbook ❧

TRAIL NAME : ____

LOCATION : ____

____

DATE : ____

COMPANIONS : ____

WEATHER CONDITIONS :　☐　HOT　　☐　MILD　　☐　COLD

TEMPERATURE : ____

START TIME : ____________________　END TIME : ______________

DURATION : ____

DISTANCE : ____

ALTITUDE : ____

TRAIL TYPE : ☐　LOOP　　☐　ONE WAY　　☐　OUT & BACK　　☐　SHUTTLE

GEAR & EQUIPMENT : ____

____

ANIMALS & PLANTS : ____

____

MILESTONE : ____

TIME : ____

NOTE : ____

____

____

____

____

❧ Logbook ❧

TRAIL NAME : ___________________________

LOCATION : ___________________________

____

DATE : ___________________________

COMPANIONS : ___________________________

WEATHER CONDITIONS : ☐ HOT   ☐ MILD   ☐ COLD

TEMPERATURE : ___________________________

START TIME : ________________ END TIME : ________________

DURATION : ___________________________

DISTANCE : ___________________________

ALTITUDE : ___________________________

TRAIL TYPE : ☐ LOOP   ☐ ONE WAY   ☐ OUT & BACK   ☐ SHUTTLE

GEAR & EQUIPMENT : ___________________________

____

____

ANIMALS & PLANTS : ___________________________

____

____

MILESTONE : ___________________________

____

TIME : ___________________________

NOTE : ___________________________

____

____

____

____

____

❧ Logbook ❧

TRAIL NAME : ____

LOCATION : ____

____

DATE : ____

COMPANIONS : ____

WEATHER CONDITIONS :   ☐ HOT   ☐ MILD   ☐ COLD

TEMPERATURE : ____

START TIME : ___________________ END TIME : _______________

DURATION : ____

DISTANCE : ____

ALTITUDE : ____

TRAIL TYPE : ☐ LOOP   ☐ ONE WAY   ☐ OUT & BACK   ☐ SHUTTLE

GEAR & EQUIPMENT : ____

____

____

ANIMALS & PLANTS : _______________________________________

____

____

MILESTONE : ____

____

TIME : ____

NOTE : ____

____

____

____

____

____

❧ Logbook ❧

TRAIL NAME : ____

LOCATION : ____

____

DATE : ____

COMPANIONS : ____

WEATHER CONDITIONS : ☐ HOT   ☐ MILD   ☐ COLD

TEMPERATURE : ____

START TIME : __________________ END TIME : _______________

DURATION : ____

DISTANCE : ____

ALTITUDE : ____

TRAIL TYPE : ☐ LOOP   ☐ ONE WAY   ☐ OUT & BACK   ☐ SHUTTLE

GEAR & EQUIPMENT : _______________________________________

____

____

ANIMALS & PLANTS : _______________________________________

____

____

MILESTONE : ____

____

TIME : ____

NOTE : ____

____

____

____

____

____

Logbook

TRAIL NAME : _______________________________________

LOCATION : ____

____

DATE : ____

COMPANIONS : _______________________________________

WEATHER CONDITIONS : ☐ HOT   ☐ MILD   ☐ COLD

TEMPERATURE : ______________________________________

START TIME : _________________ END TIME : __________________

DURATION : ____

DISTANCE : ____

ALTITUDE : ____

TRAIL TYPE : ☐ LOOP   ☐ ONE WAY   ☐ OUT & BACK   ☐ SHUTTLE

GEAR & EQUIPMENT : _________________________________

____

____

ANIMALS & PLANTS : _________________________________

____

____

MILESTONE : ____

____

TIME : ____

NOTE : ____

____

____

____

____

____

❧ Logbook ❧

TRAIL NAME : ____

LOCATION : ____

____

DATE : ____

COMPANIONS : ____

WEATHER CONDITIONS : ☐ HOT   ☐ MILD   ☐ COLD

TEMPERATURE : ____

START TIME : ______________________ END TIME : _____________________

DURATION : ____

DISTANCE : ____

ALTITUDE : ____

TRAIL TYPE : ☐ LOOP   ☐ ONE WAY   ☐ OUT & BACK   ☐ SHUTTLE

GEAR & EQUIPMENT : ____

____

____

ANIMALS & PLANTS : ____

____

____

MILESTONE : ____

____

TIME : ____

NOTE : ____

____

____

____

____

____